Conversation avec
Edgar Morin

Ce texte a été publié dans *Zadig* n° 5, mars 2020.

Conversation avec
Edgar Morin

Autrement

Lancé en mars 2019, *Zadig* est un magazine trimestriel qui se propose de raconter au plus près du terrain et au plus profond des idées une belle inconnue : la France. Et plus précisément : toutes les France qui font la France. Celle des grandes villes, des provinces, des cultures hexagonales, des spécificités de l'outre-mer. Celle de nos passions communes et de nos chemins intimes. Ce récit tissé de mille récits se propose d'écrire à plusieurs mains – et plusieurs grandes voix – le roman vrai de notre pays, convoquant historiens, sociologues, géographes, écrivains et artistes, et bien sûr journalistes. En confiant aux éditions Autrement ses plus beaux moments de lecture, *Zadig* s'inscrit grâce à ce partenaire curieux et exigeant dans une pérennité heureuse. Pour dire la France *autrement*.

Éric Fottorino

Nous sommes à Montpellier, où vous vivez après avoir quitté Paris. Pourquoi ce choix, à votre âge ?

C' est parti d'une saturation. Paris, c'est là où je suis né ; c'est une ville que j'aimais beaucoup. Elle était conviviale, elle était vivante. Les gens s'arrêtaient dans les rues pour entendre des chanteurs ou voir des cracheurs de feu. Les voisins se parlaient, se refilaient du beurre ou du sel... Je vivais durant ma jeunesse dans le milieu populaire de Ménilmontant, et j'allais au lycée à Montmartre, deux quartiers très vivants, très actifs. Et puis la guerre est venue. Je me suis réfugié à Toulouse, je suis parti à Lyon, je suis revenu à Toulouse. J'étais entré dans la Résistance et j'ai décidé de revenir à Paris en décembre 1943.

Un Paris occupé par les Allemands.

O ui, et j'étais très ému de retrouver cette ville, même si cela me semblait tout à fait naturel. Je dois dire que ce Paris de la guerre, j'y ai vécu très intensément. J'ai aussi connu le Paris merveilleux de l'après-guerre, de la Libération et des années suivantes. Mais ce Paris-là a commencé à se dégrader corrélativement à ce qu'on appelle les Trente Glorieuses, avec les embouteillages, la nervosité, les tensions, l'anonymat... Avec le temps, j'ai été moi-même submergé de demandes, de sollicitations multiples. Alors, au cours de l'automne 2017, particulièrement sale, pluvieux, gris, pollué, l'idée nous est venue, avec mon épouse, de quitter Paris.

Vous aviez écrit un poème
au moment de la
déclaration de la guerre de
1939, alors que vous aviez
17-18 ans, qui s'appelait
déjà Adieu à Paris :

*« Adieu la rue Mayran où devant
jouer seul
J'ai pu me dédoubler, être mon
propre frère.
Adieu la rue Sorbier, ombragée de
tilleuls
Adieu Ménilmontant, adieu les
Plâtrières. »*

Vous prononcez donc
à présent votre second
et dernier adieu.

Oui, si vous voulez. Mais à l'époque, c'était un adieu prononcé alors qu'on ne savait pas ce qu'il adviendrait, quel cours prendraient les événements. Et j'ignorais que j'allais y revenir, bien sûr. À présent, ce n'est pas un adieu : j'y vais de temps en temps… Disons que ce n'est pas un adieu marqué. Mais c'est bien ici, à Montpellier, que je veux me sédentariser et je ne reviendrai pas m'installer à Paris, bien que des êtres très chers, à commencer par mes filles, y vivent.

Comment avez-vous choisi Montpellier ?

Un lieu méditerranéen s'imposait.

Pourquoi ?

D'abord parce que tous mes ascendants, et mon âme, sont méditerranéens. Mais aussi par ce que j'ai souvent écrit mes livres en Italie, en Espagne… Enfin, la Méditerranée est mon pays. Nous avons donc commencé à chercher. On s'est dit l'Italie, l'Espagne, c'est très bien mais c'est très loin. Nous adorons Grenade, mais il faut changer d'avion pour aller à Paris… Bref, il nous fallait une liaison directe avec la capitale. Un ami nous a dit : venez voir à Montpellier ! Nous l'avons écouté et nous avons débarqué à l'hôtel du Palais – le dernier hôtel familial à ne pas être lié à une chaîne hôtelière –, au cœur de ce quartier piéton charmant, aux petites rues étroites, où la vie est décontractée. Nous nous sommes dit : voilà, c'est très bien. Il y a ici ce côté « village » qui n'existe plus vraiment en France, puisque les villages sont morts. Il y a le quartier historique où rien n'offense l'œil et où tout est à portée de pied, de la préfecture aux halles.

Et cette cathédrale…

Oui. Une imposante cathédrale qui a marqué le triomphe des catholiques sur les protestants. C'est un peu comme en Espagne, on veut montrer sa puissance ! Mais enfin, elle est bien éclairée par le soleil, et elle est agréable à regarder.

Dans cette très belle ville, il y a aussi une université, des cinémas qui donnent des films en version originale, un Opéra... Je vois en plus que c'est une ville vivante, qui ne s'est pas ralliée au Rassemblement national comme tant d'autres villes du Midi. C'est la seule ville ouverte, où il existe une mixité sociale, où il y a même une importante part d'immigration nord-africaine plus ou moins bien intégrée... Et c'est une ville à deux pas de la mer, où nous allons. Toutes ces qualités réunies nous comblent.

À deux pas de notre hôtel, il y avait une agence immobilière. Nous sommes entrés et on nous a proposé, dans un immeuble ancien, un rez-de-chaussée à louer avec un jardin. On visite, on voit ce rez-de-chaussée et le jardin m'éclaire : la campagne à la ville ! Nous louons donc ce lieu plus grand que notre appartement parisien et qui nous revient moins cher.

Vous êtes-vous bien intégré ?

J'ai une petite notoriété de quartier ! Les gens me saluent, me parlent, j'ai très rapidement noué des rapports cordiaux dans le voisinage, et j'ai maintenant un bureau à l'université. Bref, je suis très content d'être ici.

Je dois dire que mon épouse l'est un peu moins, parce qu'elle a la nostalgie de Paris qu'elle a connu en 1980. Pour elle, par exemple, *Les Deux Magots* et *Le Flore* sont des lieux chargés de mythologie, alors que moi, j'ai vécu l'époque mythologique *(rires)*. Donc elle est à demi-contente, moi pleinement. Comme on dit en espagnol, c'est ma *querencia*. C'est le lieu que choisit le taureau pour mourir.

Vous venez
de nous dire
que Paris s'est
dégradé pendant
les Trente
Glorieuses. En
quoi et pourquoi
à cette époque ?

P arce qu'elle correspondait à cette période de grand développement de la promotion immobilière, au cours de laquelle il y a eu une circulation automobile beaucoup plus intense. Je vous livre deux signes parmi d'autres. Le premier, c'est qu'il y a eu plein de chansons sur Paris du début du xxe siècle jusqu'aux années 1980, mais qu'aujourd'hui, on ne le chante plus. Le second : nous appelions Paris « Paname », un signe familier d'appropriation de notre ville ; personne ne dit plus aujourd'hui Paname. Paris est devenu une agglomération... Bien sûr, il y a encore des quartiers parisiens agréables, mais ce sont des îlots, alors que Montpellier, c'est un vaste espace qui est resté convivial.

Pour quelles raisons la France du Sud est-elle si chère à votre cœur ?

Mais parce que je me sens profondément méditerranéen, non seulement par mes ascendants, mais aussi par l'huile d'olive, l'aubergine, toutes ces nourritures qui sont miennes. Je dirais que la Méditerranée est ma « matrie ». Dans « patrie », l'accent est mis sur le côté paternel – même si nous disons la mère-patrie, qui devient bisexuelle… Dans « matrie », la Méditerranée est profondément maternelle.

La France d'aujourd'hui est traversée de mouvements et de conflits sociaux.
La crise des Gilets jaunes a marqué les années 2018-2019.
Comment analysez-vous cette France contemporaine ?

Montpellier a été, comme d'autres villes, un microcosme. Il y a eu pendant des mois et des mois des Gilets jaunes, les uns manifestant pacifiquement, les autres, au sein des black bloc, formant de petits groupes de casseurs. Il y a aussi eu le phénomène des carrefours, l'aspect fraternitaire, sympathique, du mouvement, où les gens se retrouvaient et pouvaient goûter un peu de cette solidarité que nous avons perdue...

Cette protestation jusqu'alors muette, qui ne parvenait pas à s'exprimer par le langage, a pris la forme d'un mouvement. Elle ne trouvait pas ses mots pour nommer son véritable mal. On peut discerner des précédents historiques dans les jacqueries [1]. Ce sont des mouvements anarchiques qui ne trouvent pas la forme qui leur donnera un sens, un projet. C'est une sorte de désespoir politique... Mais, pour ce qui est des Gilets jaunes, il y a quelque chose de tout à fait nouveau et singulier, qui est ce refus de se structurer, ce refus d'un leadership. S'est exprimé

---

1. Les révoltes largement populaires de la France de l'Ancien Régime, ainsi nommées en référence à la Grande Jacquerie de 1358 menée par un certain Jacques Bonhomme.

ainsi tout un lot de malheurs, de frustrations, de souffrances ou d'aspirations qui traversaient différentes couches de la population, touchant souvent les femmes... Un phénomène qui, à sa façon, traduit la crise de la démocratie, la crise de la civilisation, la crise du progrès, c'est sûr...

Est-ce bien l'état de la France ?

Cette France est d'abord marquée par une crise de la nation. La nation, c'est une unité fondamentale qui comporte une diversité non moins importante. C'est l'union de la diversité. Cette crise de la nation se combine avec la crise de civilisation et de démocratie que nous vivons ! Or, nous savons très bien quelles sont les conséquences de ces crises. À titre personnel, j'ai eu l'expérience juvénile de la crise économique de 1929 qui a entraîné, entre autres, l'hitlérisme, et qui a surexcité en France des réflexes nationalistes qui ont particulièrement visé les Juifs et ceux qu'on appelait alors « les métèques », c'est-à-dire les étrangers qui étaient là et à qui on voulait refuser le droit de cité... Quand il y a des crises de cette ampleur, les angoisses se fixent toujours sur une minorité, sur des boucs émissaires au caractère soi-disant étranger ou inassimilable. Donc, nous vivons cette crise qui nous pourrit la vie civique et politique.

La France, pour le moment, ne sait pas où elle va... Pourquoi ne le sait-elle pas ? Parce que le président Macron continue de croire que les réformes consistent à se conformer à la logique du libéralisme économique en conduisant une politique restrictive, déflationniste, alors que l'exemple que nous avons eu de Roosevelt et d'autres montre qu'il s'agit d'indiquer une voie nouvelle.

Pouvez-vous préciser ?

Il faut profiter de l'écologie, par exemple. Beaucoup de travail pourrait être créé non seulement en développant les énergies propres, mais aussi en ouvrant des chantiers pour dépolluer les villes. Il y a beaucoup d'actions à entreprendre : installer des modes de chauffage qui ne soient pas polluants, favoriser l'agriculture fermière, soutenir les modes de consommation directs. C'est ce que j'ai essayé d'indiquer dans mon livre *La Voie*[1]. Si le président veut marquer l'histoire de France, voilà de quoi faire...

---

1. *La Voie : Pour l'avenir de l'humanité* (Fayard, 2011) plaide pour un ensemble de réformes, de la mise en place d'une gouvernance mondiale à l'invention de solutions d'avenir à travers des projets locaux et communautaires. Il appelle à une transformation de la politique, de l'économie, de l'éducation, mais aussi de notre conception de la médecine, de l'habitat, de l'alimentation, du travail...

Sinon ?

Le Rassemblement national risque de l'emporter à une prochaine élection. C'est la seule force un peu organisée et massive qui existe, alors que la gauche est en miettes et la droite très malade. Aujourd'hui, je pense qu'il peut arriver des choses vraiment i-ni-ma-gi-na-bles ! Notre pays est menacé. Nous vivons cette crise mondiale et nous n'avons pas trouvé la voie pour en sortir.

Paris est souvent ressenti comme la capitale lointaine, parfois avec le sentiment, pour les régions, d'être écrasées. Est-ce toujours présent dans les mentalités ?

Vous savez, je n'ai pas fait une vaste enquête sur cette question, mais la conscience languedocienne est assez forte ici. Il ne naît pas de cette conscience un sentiment d'abandon de Paris. Et les transports actuels, comme le TGV, multiplient les relations. Ce n'est pas une ville frustrée du point de vue culturel. Elle a su imposer la piétonnisation du centre, créer le nouveau réseau de tramway qui permet aux habitants de circuler. C'est Georges Frêche – un maire extraordinaire – qui a fait de cette ville une métropole à cette échelle, qui se développe économiquement. On a aussi des fermes agroécologiques qui se sont installées autour. Aucun des besoins essentiels dont étaient auparavant privées les provinces ne semble manquer.

Croyez-vous que vous feriez le même constat si vous étiez à Toulouse, à Bordeaux ou à Nantes ?

C e sont des villes très actives, qui se sont bien développées. S'il n'y avait pas mon âme méditerranéenne, j'aurais pu vivre à Bordeaux ou à Nantes, avec la proximité de la mer…

Il y a ce phénomène
que vous avez été
le premier à repérer
et qualifier
d'« héliotropisme » :
passé un certain âge,
et parfois dès 40 ans,
des personnes
partent s'installer
dans le Sud, souvent
le long du littoral.
Est-ce un fait
majeur ?

Oui, d'autant plus que cet héliotropisme entraîne maintenant des habitants à s'installer, pour des raisons parfois fiscales, hors de France, au Portugal ou bien au Maroc, en Grèce. Ils sont attirés à la fois par les paysages et le climat méditerranéens et par le coût de la vie moins élevé. Heureusement, ce mouvement de migration n'est pas encore massif sur Montpellier ! Il n'y a pas de ruée... Le mythe du Midi reste bien plus centré sur la Côte d'Azur, qui elle-même est déjà très saturée. Et puis, vous le savez, l'université de médecine de Montpellier est l'une des plus anciennes de France, presque contemporaine de celle de Bologne. Là aussi, du point de vue médical, les gens n'ont pas besoin d'aller à Paris voir les grands spécialistes, ils ont ici ce qu'il faut.

Lors de la Seconde Guerre mondiale, vous prenez votre part dans la Résistance et en même temps vous découvrez la France. Quelle impression vous fait-elle ?

En quittant Paris, j'échappais à la tutelle de mon père qui me protégeait trop, parce que j'étais un enfant unique, orphelin de mère... Me voilà arrivé à Toulouse, parmi d'autres étudiants réfugiés. Un professeur d'université organise l'accueil. Et moi, je deviens secrétaire de ce centre d'accueil. Cela me donne vraiment une grande satisfaction personnelle : je me sens utile. À Toulouse, je découvre une ville où il y a beaucoup de réfugiés venus de Paris. Je fais la connaissance de Clara Malraux [1], de Julien Benda [2] qui me propose de faire des recherches pour lui et dont je deviens un peu l'assistant, de Jean Cassou [3] et d'autres résistants qui commencent à me faire entrer dans le mouvement. Je me rappelle très bien que Vladimir Jankélévitch, qui avait été nommé à l'université de Toulouse, n'a pas pu y enseigner plus d'un mois car il a été révoqué

1. Épouse d'André Malraux, elle-même écrivaine (1897-1982).

2. Philosophe, écrivain et critique (1867- 1956), figure de la gauche antifasciste, célèbre pour son pamphlet paru en 1927, *La Trahison des clercs*.

3. Écrivain, critique d'art, et poète (1897-1986), engagé dès 1940 dans la Résistance, après avoir été révoqué de son poste de conservateur du musée d'Art moderne.

par Vichy[1]. J'ai été à son dernier cours pour l'applaudir. Là, j'ai rencontré plusieurs personnes dont celle qui allait devenir ma femme, une Périgourdine. J'ai toujours eu de bons rapports avec Toulouse, qui était une ville de gauche. À l'université, en dépit de la loi qui imposait un *numerus clausus* aux Juifs, jamais il n'a été posé de question sur notre religion. La ville s'est montrée très accueillante pour moi et mes camarades réfugiés. J'ai découvert une vie de province très vivante, fécondée par tous ces gens qui venaient de s'y installer.

---

1. Philosophe et musicologue (1903-1985) né de parents juifs russes, il avait pu brièvement poursuivre son enseignement sous une fausse identité.

Paradoxalement, vous éprouvez à Toulouse un sentiment de libération alors que la France est occupée. Comment le vivez-vous à l'époque ?

E h oui ! Je me voyais enfin libre, capable de participer à des actions de solidarité, enfin lié aux autres, nouant des relations d'amitié avec des étudiants ou étudiantes. C'était une très belle époque. On se promenait beaucoup le long de la Garonne. J'allais à des concerts, à l'Opéra de Toulouse. J'ai même été figurant dans *Salammbô*, sur la scène du Capitole.

Ces moments de convivialité et de partage, vous avez continué à les rechercher tout au long de votre vie ?

Oui, et quand je suis passé à Lyon, la capitale de la Résistance dans la zone Sud, j'ai fréquenté tous ces mouvements. Et là aussi, c'est une ville où je me suis senti très bien, dans un milieu particulier. J'ai été sensible, comme à Toulouse, à la beauté des lieux.

Comment
avez-vous vécu
à Lyon, en
cette période
si difficile ?

É coutez, j'avais mes papiers d'identité. Je n'avais pas fait tamponner la mention « Juif » sur ma carte, car je n'étais pas allé me faire recenser. Je passais inaperçu. Mais, au printemps 1943, les étudiants de ma classe d'âge doivent partir au Service du travail obligatoire. Là, je fais le saut complet dans la clandestinité : je prends une autre identité, celle d'un garçon de 28 ans qui est prisonnier en Allemagne et s'appelle Gaston Poncet, dont on me donne un faux certificat de rapatriement avec lequel je me fais faire de vrais papiers à la mairie d'Antibes, dont une carte d'identité. Je ne suis plus Edgar Nahum, mon nom de naissance.

On me donne en plus une fausse carte de travailleur à l'Imprimerie nationale. Je suis donc un peu protégé de ce côté-là, mais en même temps, je plonge dans des aventures de plus en plus périlleuses... La Gestapo arrête des amis, elle arrive chez moi... Je m'enfuis avec une valise bourrée de faux papiers, de faux tampons, de quelques armes, d'argent et de tracts : c'était le trésor du réseau que j'avais récupéré et avec lequel je réussis à retourner à Toulouse, où m'attend Clara Malraux. Cette période était très intense.

Sous quelle identité vivez-vous alors ?

M on premier pseudonyme était Edmond. Quand la Gestapo l'a connu, j'ai pris le pseudo de Manin, qui est devenu Morin... J'avais trois identités un peu superposées.

Ce nom de
Morin que vous
avez porté
pendant la
guerre, pourquoi
avez-vous choisi
de le garder ?

J' ai choisi de le garder comme pseudonyme. Beaucoup ont gardé leur nom de résistant après la Libération. J'étais content de franciser mon nom de famille. Mais je n'avais pas à renier mon nom originaire, donc je n'ai pas changé mon identité à l'état-civil : je suis toujours Nahum et mes filles aussi. J'ai voulu assumer ma dualité : je suis le fils de mon père et en même temps je suis le fils de mes œuvres. Alors je suis resté Nahum pour les papiers officiels et Morin dans les congrès et les livres. Mon premier livre, *L'An zéro de l'Allemagne*[1], je le signe Edgar Morin, c'est mon nom de plume et mon nom d'universitaire. Mais à présent, avec tous les contrôles de sécurité aux aéroports depuis le djihadisme, cela me vaut des emmerdements ! Avant, j'avais sur mon passeport : « Nahum, dit Morin ». Maintenant, je n'ai plus le droit de mettre ce pseudonyme et je suis obligé à chaque fois de faire des acrobaties quand je suis invité à l'étranger. Cela me gêne beaucoup.

---

1. Paru en 1946, ce livre de sociologie, rédigé alors qu'Edgar Morin est en fonction à Baden-Baden, propose un état des lieux de l'Allemagne à la sortie de la guerre.

Comme jeune sociologue, vous vous intéressez juste après la Seconde Guerre mondiale aux spectateurs de cinéma. C'était un sujet neuf, alors, pour la sociologie...

L e cinéma était une nourriture culturelle formidable, offrant l'évasion et la découverte de la réalité. Je suis un cinéphage devenu progressivement cinéphile. Au début, j'adorais tout : les films sur la guerre de 14, les comédies, les drames bourgeois, les westerns. Et j'ai ensuite fréquenté les premières salles d'art et d'essai... J'étais souvent à la Cinémathèque, après-guerre : je voyais quatre ou cinq films par semaine.

En sociologie, le cinéma était en effet un sujet absolument neuf. Mais, au début, j'ai voulu l'étudier non pas du point de vue sociologique, mais anthropologique, c'est-à-dire : l'image, l'imaginaire, l'identification, tous ces phénomènes qui se produisent entre le spectateur et le film. Je sentais que la situation du spectateur dans la salle obscure n'est pas seulement de l'ordre de l'aliénation. Le spectateur ne perd pas le contrôle dans une sorte de rêve éveillé, téléguidé. Mais, par empathie et sympathie, il devient meilleur que dans la vie quotidienne. Il comprend aussi bien le persécuté, que le vagabond ou le criminel... Autant de personnages qu'il déteste dans la vie ordinaire. Donc, on est meilleur au cinéma que dans la vie ! *(Rires.)* Le cinéma m'a passionné pour tous ces doubles qui prennent vie. J'ai titré mon premier ouvrage sur le sujet, paru en 1956 : *Le Cinéma ou l'homme imaginaire* [1].

Je me suis ensuite rendu compte que je ne pouvais pas faire la sociologie du cinéma indépendamment de celle de la presse magazine, de la télévision, qui commençaient à se développer. C'était un ensemble interdépendant. J'ai alors écrit *L'Esprit du temps*, consacré aux médias et à ce qu'on appelait la culture de masse [2]. C'était un objet qui me plaisait beaucoup : il me faisait aller au cinéma, pas seulement aux projections organisées pour la profession. À l'époque, je payais ma place. Et comme j'étais au rang le plus bas de la recherche, j'ai demandé au CNRS de rembourser mes tickets de cinéma. Mes supérieurs ont trouvé la demande tellement incongrue qu'ils ont réuni une commission, laquelle a décidé qu'il n'était pas possible de rembourser quelque

---

1. Cet essai paru en 1956 aux Éditions de Minuit analyse l'expérience cinématographique à travers le concept de « projection-identification »

2. Avec *L'Esprit du temps* (Grasset, 1962), Edgar Morin décrit parmi les premiers la « révolution culturelle » des pratiques, des mœurs et des représentations collectives occidentales au milieu du XXe siècle.

chose qui donne ainsi du plaisir. Ils m'ont dit :
on vous rembourse vos tickets de métro sur pré-
sentation, mais pas vos billets de cinéma !
(Rires.) Mais j'ai pu avoir un petit crédit pour
aller plusieurs fois au festival de Cannes, ce qui
m'a beaucoup plu.

Quand vous y êtes-vous rendu ?

C'était dans les années 1951-1953. Mon livre sur les stars a été publié en 1957 [1]. J'ai porté sur ce phénomène un regard inédit, polyvalent, à la fois comme sociologue et comme anthropologue. J'ai analysé la star comme marchandise et déesse, avec tous les aspects du star-system. C'était à la fois hyper-économique et hypermythologique, avec toute une étude du silence et du mystère. Les premières stars étaient avant tout mystérieuses. Après, on a voulu les rendre plus humaines. On a ainsi souhaité savoir comment elles faisaient la cuisine, connaître d'autres petits détails de leur vie quotidienne. Elles étaient à la fois comme nous et radicalement différentes de nous.

---

1. *Les Stars*, Éditions du Seuil.

Ce star-system, dont vous avez observé les règles, a-t-il beaucoup changé ?

Non, il s'est élargi à des personnalités qui étaient étrangères au cinéma, comme les sportifs. Mais c'est resté le même système, y compris dans le domaine politique. Ainsi, on recherche toujours la touche humaine, en allant voir par exemple ce qu'il y a dans le frigo d'un homme politique. C'est un beau sujet avec des personnages très captivants, très fascinants. Moi-même, je subissais la fascination du star-system. Je n'étais pas un observateur très détaché. *(Rires.)*

Quand vous faites votre enquête pluridisciplinaire à Plozévet, en Bretagne, dans les années 1960, il s'agit de raconter comment évoluent les campagnes [1]. C'est la fin des paysans et le début de la mécanisation des agriculteurs. Quelles découvertes faites-vous ?

---

1. *Commune en France : la métamorphose de Plozévet* (Fayard, 1967). Voir également Edgar Morin, *Journal de Plozévet, Bretagne, 1965* (L'Aube, 2001).

C' était la campagne mais avec un gros bourg, et donc des éléments d'urbanisation. C'est pour moi un très bon souvenir. Je me suis trouvé immergé dans ce monde du Finistère sud, du pays bigouden, très sympathique. Ce qui était intéressant, c'est que le grand courant de modernisation économique de 1955 a touché cette partie reculée de la Bretagne au moment où j'y étais. Je l'ai vu à l'œuvre.

Ce n'était pas seulement la disparition des micro-exploitations agricoles et la formation de quelques coopératives pour acquérir du matériel moderne, c'était aussi le fait que les femmes jouaient un rôle décisif dans cette modernisation. D'abord, elles ne voulaient plus être paysannes, astreintes à traire les vaches le dimanche. Elles cherchaient des époux de préférence gendarmes, fonctionnaires… D'autre part, elles prenaient l'initiative, notamment dans le bourg, d'installer une salle de bains et des toilettes à l'intérieur de la maison, alors qu'ils étaient auparavant dans la cour. Les femmes étaient les agents secrets de la modernité !

Les jeunes commençaient à manifester pour arracher leur autonomie et voulaient leurs Maisons des jeunes, prélude à Mai 68. Ce qui était intéressant, c'était la réponse aux difficultés économiques par la polyvalence, la même personne pouvant être à la fois bistrotier, transporteur, éleveur de volailles... La résistance par la pluralité des métiers exercés par un même individu.

Les vieilles femmes portaient encore la coiffe bigouden, c'était quelque chose d'hypertraditionnel, mais ce microcosme portait en lui tous les éléments de la transformation de la vieille France rurale par la modernisation massive. Cela comportait à la fois une dimension d'espoir – celui de mieux vivre –, et en même temps de désarroi parce qu'on perdait les bases économiques de l'autonomie. Pour la couverture de mon livre, on avait retenu une photographie où l'on voyait une Bigouden avec sa coiffe qui servait de l'essence à une station-service. J'avais conclu mon étude sur les femmes en disant : il y a ici du « bovarysme », des femmes malheureuses en ménage, mais il n'y a pas encore de « beauvoirisme » !

Comment Plozévet se situait-il sur le plan politique ?

C'était passionnant. Il y avait encore les rouges et les blancs. Les rouges étaient à l'origine les républicains, socialistes ; et les blancs, les conservateurs. Je l'ai détecté incidemment. Je m'étais étonné qu'il y ait deux pharmacies, deux médecins... Tout était doublé. C'était deux populations côte à côte... Surtout pas de mariages entre eux ! Le changement a eu lieu seulement dans les années 1980, lorsqu'une nouvelle génération a accédé à la mairie. Il y a maintenant des mariages entre ex-rouges et ex-blancs. Électoralement, le phénomène persiste, mais sociologiquement, cette coupure n'existe plus.

Ces études locales, à échelle réduite, humaine, n'en disent-elles pas beaucoup sur un pays ? Ne manque-t-on pas de telles études aujourd'hui ?

J e le crois, parce qu'il existe très peu d'études comme celles de cet Américain, Laurence Wylie, dans son livre *Un village du Vaucluse*, paru en 1968 [1], et encore moins d'études menées de la façon dont j'ai mené la mienne. Je faisais partie d'une équipe de recherche interdisciplinaire [2], mais les autres résidaient à Pont-L'Abbé, dans un hôtel chauffé, tandis que j'habitais sur place, dans une maison au sol en terre battue, parmi les gens. Je pratiquais beaucoup la conversation. J'écrivais mon journal d'enquête et j'élaborais ma méthode, qui permettait de mieux comprendre les problèmes.

---

1. Tardivement traduit, cet ouvrage écrit dans les années 1950 est un véritable travail d'ethnographie réalisé à Peyrane, près d'Avignon, où l'auteur s'était installé durant une année.

2. Cette grande enquête, pionnière par son caractère interdisciplinaire, mobilisa un nombre important de chercheurs entre 1961 et 1965. Il en fut tiré cinq films, une quarantaine de rapports, plusieurs articles, trois thèses et quatre livres, dont celui d'Edgar Morin.

Parlez-nous de votre méthode.

J' ai essayé de privilégier l'expérience de terrain, de vie, d'inventer autre chose que la sociologie de questionnaires. J'ai voulu susciter une sociologie du présent. Par exemple, arrive dans les années 1970 un événement surprenant comme Madame Soleil, qui faisait des prédictions sur la chaîne de radio Europe 1 [1]. J'ai aussitôt pensé qu'il fallait étudier les raisons de ce retour des astrologues sur la scène publique.

---

1. De 1970 à 1993, l'astrologue Germaine Lucie Soleil (1913-1996) anima une émission quotidienne au cours de laquelle elle répondait en direct aux questions des auditeurs.

Comment ?

Dans le cadre du CNRS ou de l'université, il faut un an pour obtenir les crédits nécessaires ! À l'époque, j'ai pu trouver un financement auprès du club du *Nouvel Observateur*. Ce n'était pas tant les prédictions dans les journaux populaires qui retenaient mon attention que l'astrologie réservée aux élites. Je me suis intéressé à ces personnalités qui, au cours de leurs carrières dans les arts, le spectacle, la politique, éprouvent le besoin de consulter. J'ai découvert qu'il existait une astrologie pour elles, avec horoscopes personnalisés. La vraie question, ce n'était donc pas le « populo » mais les « aristos » !

Vous vous êtes penché aussi sur les nouveaux féminismes...

L à, c'est le changement dans la presse féminine qui m'a retenu. Jusqu'en 1968, cette presse disait aux femmes : soyez belles, soyez heureuses, confectionnez des petits plats pour votre petit mari... C'était une presse positive, enjouée. Il y avait eu l'euphorie des Trente Glorieuses, de la société industrielle. Un intellectuel aussi lucide dans bien des domaines que Raymond Aron pensait que la société avait trouvé la formule la moins mauvaise, la moins inégalitaire... En tout cas, on avait repris le mythe condorcéen du progrès continu [1], persuadés que tout allait de mieux en mieux en dépit du fait que nous avions connu la Seconde Guerre mondiale et les crimes contre l'humanité. Après 1968, la presse féminine est devenue une presse qui soulevait des problèmes : vous vieillissez, vos enfants quittent le foyer familial, votre mari vous trompe. Elle prenait désormais en compte les tragédies auxquelles les femmes étaient confrontées et essayait de leur apporter des réponses. C'était un tournant.

---

1. Auteur d'*Esquisse d'un tableau historique des progrès de l'esprit humain* (1795), le mathématicien et philosophe des Lumières Nicolas de Condorcet (1743-1794) défend l'idée d'un progrès universel et indéfini de l'humanité, éclairée par la raison, vers la connaissance et l'éducation.

Les événements
de Mai 68
marquent donc
bien une
rupture...

C' est un premier coup de tonnerre parce qu'on voit que les jeunes, y compris les jeunes de familles aisées, protestent, veulent une autre vie. On s'en rend compte par la violence de ce qui arrive, ce tremblement de terre qui a fait vaciller le pouvoir et a montré que les sous-sols de notre civilisation ne sont pas solides... Et peu après 1968, il y a eu 1973, le choc pétrolier. Brusquement, on est bien passé de l'euphorie officielle à l'inquiétude.

Ce n'est qu'avec le temps qu'on a vu que de nouvelles crises surgissaient. Nous sommes entrés dans une période de plus en plus inquiétante, incertaine. Où va-t-on ? se demande chacun. On perçoit les catastrophes écologiques à venir, le sectarisme politique, les guerres de religion, etc. Et à l'opposé, on nous fait miroiter le transhumanisme, la prolongation de la vie, l'intelligence artificielle mise à notre service... Mais nous sommes tout à fait déboussolés devant ces perspectives, les dernières n'intéressant évidemment que la caste des gens au pouvoir. Donc une inquiétude profonde apparaît et celle-ci est surdéterminée par l'inquiétude de la crise économique de 2008. Je pense que c'est ce fond d'angoisse qui est peut-être ce qu'il y a de plus inquiétant.

Tout à l'heure,
vous avez dit :
je pratiquais
la conversation,
j'étais sur le
terrain. Est-ce
une manière
de définir la
sociologie du
présent ?

E n partie. Mais je me sers aussi d'autres éléments : géographiques, historiques... Par exemple, quand j'ai enquêté sur la rumeur d'Orléans [1], je suis allé dans les commissariats pour savoir si des jeunes filles avaient effectivement disparu. La réponse était : non !

Au départ de cette affaire, on parle d'une supposée traite des Blanches : des jeunes filles, disait la rumeur, disparaissaient dans les salons d'essayage de boutiques de vêtements tenues par de jeunes commerçants juifs. Le récit s'est fixé sur les commerçants et l'inquiétude a grandi chez les jeunes filles et les femmes. Comme il y a eu une manifestation devant l'un de ces magasins, une jeune fille a pris l'initiative d'aller à Paris et en a parlé au Fonds social juif unifié, lequel m'a donné les moyens de réunir une petite équipe et d'aller enquêter sur place.

J'y vais, je m'installe, je prends contact avec les commerçants visés et j'organise des « repas sociologiques » qui favorisent la détente et la confiance. Et puis on fait des sondages sur la population et on voit rapidement que les hommes sont beaucoup moins touchés par la

---

1. Edgar Morin *et alii*, *La Rumeur d'Orléans*, Seuil, 1969.

rumeur que les jeunes filles et les femmes. Même une jeune professeure juive, dans un lycée, y a cru... Pour moi, la question est d'élucider, de trouver la source.

L'hypothèse la plus probable était que ce soient des éléments antisémites, des fascistes ou des étudiants arabes... Or, ce n'était pas cela. La rumeur avait été accréditée par le réveil d'un fonds antisémite subconscient chez les gens, très profondément ancré par des siècles d'anti-judaïsme chrétien. Ce n'était pas de l'antisémitisme moderne, c'était la vieille croyance en la figure inquiétante du Juif, d'autant plus inquiétante que celui-ci ressemble à M. Tout-le-Monde – et plus il nous ressemble, plus il est inquiétant. Les Juifs parlant yiddish entre eux, vendant de la fripe aux puces, n'ont jamais été l'objet de cette rumeur ni mis en cause.

Nous assistions, à Orléans, à la transmutation du vieux mythe de la jeune fille allant au bal, séduite puis contrainte de se prostituer. Le bal populaire, en perte de prestige, était remplacé par la cabine d'essayage des magasins de mode. Une fois mon livre publié, j'ai appris qu'il y avait eu la même rumeur, moins puissante, dans d'autres villes. Par la suite, je me suis intéressé à d'autres rumeurs comme celle du canard laqué chinois. Vous la connaissez ?

Non !

E lle est apparue quelques années après. C'est une histoire qui se présente ainsi : un couple va manger du canard laqué dans un restaurant chinois et, au retour, la femme dit : « J'ai un petit os de canard dans la gorge. » Elle appelle le docteur qui retire l'os en disant : « Ce n'est pas du canard, c'est du rat. » La rumeur assurait donc que les restaurants chinois servaient du rat à la place du canard. Pendant un temps, il y a eu une baisse de fréquentation de ces restaurants.

Quand on retrace vos parcours, on s'aperçoit que vous avez sillonné la France dans tous les sens...

Oui, j'ai donné beaucoup de conférences dans toutes sortes de villes de province. Certaines ont eu et ont encore un charme particulier, comme Nantes qui me plaît beaucoup. Après la guerre, j'allais très souvent à Nice et dans ses environs. À un moment j'adorais résider à La Bollène-Vésubie, sur les hauteurs des Alpes-Maritimes. Après, la ville de Nice s'est dégradée du fait du tourisme... Elle a été victime d'une sorte de colonisation et il n'y a plus que la vieille ville qui ait encore gardé du charme. C'est une ville qui s'est dépoétisée !

Les villes se sont dotées de centres commerciaux à leur périphérie.
L'Hexagone compte – on l'a redécouvert – énormément de ronds-points. Est-ce que tout cela contribue à l'enlaidissement de la France ?

Ce n'est pas seulement un enlaidissement. Pour moi, la disparition des petits commerces de proximité – crémier, épicier, boucher – a fait perdre à notre pays, mais aussi à Paris, son atmosphère conviviale. Quand j'habitais dans le Marais, je me souviens du marché des Enfants rouges qui avait sa propre poésie. Quand les rues sont réduites à des boutiques de fringues et à quelques galeries, elles perdent tout charme. Donc, on a beaucoup perdu. Heureusement, il y a une tendance au dépérissement des grandes surfaces à cause d'internet, et cela peut redonner leur chance à l'artisanat et au commerce de proximité. Si les consommateurs s'arrêtaient d'acheter des produits à obsolescence programmée, cela relancerait l'artisanat de réparation. Ici, à Montpellier, il y a deux halles très achalandées, dont une proche où j'aime beaucoup aller faire les courses. On y trouve une poissonnerie qui ne vend que des poissons frais de la Méditerranée, par exemple, un légumier qui mélange légumes bio et non bio. Pour les produits laitiers, on fait maintenant des bons yaourts de brebis, avec un excellent lait du Larzac. J'aime parler aux commerçants et j'ai toujours évité l'anonymat de la grande surface. Je pense qu'il y a une tendance au retour au concret et aux relations humaines.

Vous avez donné
d'innombrables
entretiens et
interviews au
cours de votre vie.
Avez-vous fini par
aimer
cet exercice ?

Je n'ai pas dit que je détestais ça.

Mais vous avez rendu hommage à Milan Kundera, qui a pour principe de ne pas donner d'interviews... Le regrettez-vous, pour votre part ?

Attendez, il faut voir la chose dans son ensemble. J'ai été marqué par la discipline et la rigueur de Milan Kundera. Son œuvre parle pour elle-même et c'est un romancier déjà très connu : je pense que cela suffit. Mais dans mon cas, c'est un peu différent : je n'écris pas de romans. Dans mes livres, il y a des messages et des idées que je partage plus largement grâce à ces interviews. En outre, je suis plus connu par les entretiens que je donne, par les interventions que je fais à la radio parfois, voire par celles que je faisais à la télévision dans le temps, que par mes livres. Je me sens totalement méconnu dans mon apport fondamental que sont la « pensée complexe [1] », *La Méthode* [2], ou même dans mes propositions politiques, celles

---

1. Apparu en 1982 dans *Sciences avec conscience* (Seuil), ce concept invite à rompre avec une pensée de la simplification, et de la réduction, pour apprendre à relier les éléments, par connexion mais aussi par boucle de rétroaction. Voir également *Introduction à la pensée complexe* (1990 ; rééd. Seuil, 2005).

2. Parus au Seuil entre 1977 et 2004, les six tomes du cycle de *La Méthode* constituent l'exposé de sa recherche d'une méthode, « à travers errances et incertitudes dans l'élaboration du savoir », dans l'optique de refonder une « sociologie Complexe ».

que j'ai faites dans *La Voie* ou *Pour une politique de civilisation*[1], qu'aucun politique n'utilise. Donc j'éprouve le besoin de livrer ces messages. Et je ne regrette pas d'avoir fait tous ces entretiens !

S'agissant de Kundera, je me plaçais uniquement du point de vue de l'éthique de l'écrivain devant son œuvre. Mais, mon œuvre ne parlant pas toute seule, je suis obligé de parler pour elle. Quand j'exprime ce à quoi je tiens et crois, cela me plaît. Je parle avec vous, ce n'est pas une corvée, ça me fait plaisir. C'est vrai. Pour les entretiens que j'ai faits dernièrement pour mon livre de souvenirs[2], aucun ne m'a accablé parce que cela me permet de m'exprimer. Je fais aussi des conférences. Cela fait partie de cet ensemble d'extraversion.

---

1. Réédition d'un chapitre tiré d'un livre publié avec Sami Naïr en 1997, *Pour une politique de civilisation* (Arléa, 2002) propose une voie pour refonder le politique : contre l'atomisation, la solidarité ; contre l'anonymisation, le ressourcement ; contre la dégradation de la qualité de la vie, la convivialité…

2. *Les souvenirs viennent à ma rencontre*, Fayard, 2019.

Dans votre livre de souvenirs précisément, vous racontez que, jeune chercheur, vous aviez posé la question à des gens dans la rue : « Comment vivez-vous ? » À notre tour de vous retourner cette très bonne question : comment vivez-vous ?

É coutez, j'ai toujours besoin – mais c'est sans doute lié à la mort précoce de ma mère – d'un amour vécu et réciproque. Je le vis actuellement. Bien qu'ayant un âge avancé, j'ai toujours les mêmes vifs sentiments. D'autre part, je peux communiquer avec l'université, donner des exposés ou des conférences. Je ne me sens pas brimé, obligé de garder pour moi certaines choses. Voilà donc comment je vis, à l'âge de 98 ans.

Du point de vue mental et cérébral, ça continue. Mais il y a une fatigue qui m'est venue... et une fatigabilité plus grande. Moi qui étais un grand marcheur, je ne peux plus faire de grandes distances. Et je marche un peu difficilement. Cependant, je peux quand même aller dans la ville seul. Donc, j'ai à la fois une aspiration au repos et une envie d'activité. Je sais que si je me repose, je meurs ; si je travaille trop, je meurs aussi. Je suis entre deux morts. *(Rires.)* Je navigue entre les deux. Tout en sachant que ma vie peut s'arrêter d'un moment à l'autre, je continue de me projeter dans un futur, pas trop lointain. J'ai des projets, des activités... Je suis parti une semaine au Portugal parce que cela fait du bien à mon ego d'être encore nommé docteur *honoris causa*[1]...

Quand j'ai atteint les 80 ans, je me suis dit : c'est l'âge où on meurt. Mais de quoi ? D'un AVC ou du cœur... Je m'attendais à la mortalité. Et puis voilà que j'arrive à 90, 91, 92 ans, et là je m'habitue à vivre et je me dis : c'est curieux, ça continue. D'un côté, j'ai l'impression que ça se poursuit indéfiniment, et d'un autre côté je sais qu'il y a un couperet, qui va tomber à un moment donné. Donc, c'est très bizarre comme sensation.

---

1. Titre décerné par l'université lusophone de Porto.

Vous posiez aussi
une deuxième
question aux
gens : « Êtes-vous
heureux ? »
C'était un piège
que vous leur
tendiez…

Alors là, je n'aime pas trop ça parce que, c'est vrai, c'était une façon de voir les réactions à une question posée à brûle-pourpoint. Moi, j'avoue que je ne peux pas répondre, car je ne suis pas malheureux. J'ai des moments heureux, mais je pense qu'on ne peut pas connaître cet état tout au long de sa vie. Cela nécessite des circonstances particulières, intérieures et extérieures. Je suis bien. Je suis heureux, oui, en un sens. J'ai des moments de ferveur, mais aussi j'ai des moments de retombée, de platitude. J'ai donc toujours refusé de répondre à cette question : avez-vous réussi votre vie ? Car je refuse d'appliquer le concept de réussite, qui est plutôt économique, à une vie qui comporte des échecs qui peuvent être des réussites.

Et le bonheur ?

Non, je ne peux pas dire que ma vie a été heureuse. J'ai eu des moments merveilleux, j'ai eu des moments de souffrance, de douleur, de chagrin. Et surtout, pensez à toutes les pertes d'êtres chers que j'ai connues à mon âge. J'avoue que, quand j'entends Léo Ferré chanter : « Que sont mes amis devenus ? », les larmes me viennent aux yeux...

Vous êtes complexe et contradictoire, comme vous le disiez tout à l'heure. Mais alors que le religieux s'efface dans notre société, avez-vous le sentiment d'être resté mystique, justement ?

Je donne un sens large au mot mystique. Pour moi, le mysticisme, ce sont des moments d'extase que je peux avoir devant un beau paysage, un beau visage. Ou quand j'écoute sans arrêt le premier mouvement de la deuxième symphonie de Beethoven, qui m'a toujours bouleversé. Le mysticisme correspond à ces états de transe voisins de l'extase, que je peux connaître aussi bien dans des expériences d'amour que dans des expériences esthétiques, des rencontres... Le sentiment vient avec le monde extérieur, en sachant que ce monde est un tissu de choses admirables et de choses atroces.

Maintenant, j'aime beaucoup parler des deux pôles de la vie : la prose et la poésie. La prose, ce sont les choses obligatoires qu'on fait sans plaisir, par nécessité, parfois pour survivre. Et la poésie, c'est tout ce qui nous dilate, nous inonde. Et c'est dans ce sens-là que je parle de mysticisme : j'ai besoin de communion, c'est sûr. Et j'ai besoin de doute en même temps. Les deux choses sont antagonistes et complémentaires : je cultive l'une et l'autre. Voilà pourquoi je me refuse à des déclarations unilatérales : je suis heureux, je suis malheureux ou j'ai réussi, j'ai échoué.

Il vous est arrivé d'utiliser l'expression « ghetto intérieur ». L'utiliseriez-vous pour notre pays ?

La France a des apartheids et des ghettos à l'intérieur d'elle-même. Je me souviens, enfant, qu'il y avait déjà à Paris cette opposition entre l'ouest, avec un arrondissement comme le XVIᵉ, et l'est de la capitale. Mais il y avait des tas de zones mixtes. Aujourd'hui, Paris est une ville « dépopularisée ». Tout ce qui est peuple est rejeté à la périphérie, dans les banlieues. Il y a des sortes d'apartheids, qui ne sont pas de vrais ghettos, comme la Goutte-d'Or. Le mot de ghetto est devenu très fort. On peut l'éprouver comme une sorte de sentiment intérieur, ce qui a été le cas dans mon adolescence, mais extérieurement, il s'agit bien plus d'un apartheid, qui sévit et qui s'accroît, car il y a très peu de circulation. À Paris, quand je vivais dans le Marais, les chambres mansardées étaient occupées par le petit peuple. Il y avait aussi des commerçants chinois, des Martiniquais, des Juifs vers la rue des Rosiers, des Arabes vers les Halles. Enfin bref, un côté cosmopolite. Et au premier étage, considéré comme noble, c'étaient souvent des ateliers. C'était très populeux et très populaire... Après, on a vu la « *reconquista* » bourgeoise de ces quartiers et les anciens habitants chassés, envoyés ailleurs.

La grande
fracture, à Paris,
est-ce que ce ne
fut pas le
transfert des
Halles à Rungis,
en 1969 ?

Oui, cela a été une des choses importantes. Les Halles étaient un lieu où se rencontraient le travail de force, les « forts des Halles [1] », et les fêtards qui allaient prendre la soupe à l'oignon ou des huîtres au petit matin... Il y avait des scènes extraordinaires, avec des odeurs de bœuf et de fromage. Avec un petit côté truculent. C'était « le ventre de Paris », très bien décrit dans Zola [2]. Beaucoup de choses se sont dégradées, perdues sans qu'on ait, en contrepartie, du nouveau qui soit exaltant, séduisant, attractif. Ainsi, la Pyramide du Louvre, c'est très bien, mais c'est une sorte de super grande surface d'un type particulier.

---

1. Surnom des manutentionnaires des anciennes Halles de Paris.
2. Émile Zola, *Le Ventre de Paris*, 1873.

Sur quoi avez-vous travaillé récemment ?

O n a organisé ici, à l'université, un dialogue avec Régis Debray autour de « la Révolution, mythe et réalité », qui deviendra peut-être un petit livre[1]. La Révolution, avec un R majuscule : 1789 mais aussi 1917. La révolution fut un mythe encore très puissant au siècle dernier pour toute une suite de générations, dont la mienne. C'était la rupture entre deux mondes, quelque chose qui ressemblait à l'apocalypse. Régis Debray, qui est beaucoup moins âgé que moi, a cherché cela en Amérique latine[2], dans des conditions différentes bien sûr, mais c'est la même mythologie. Ce qui est

---

1. *Un besoin d'espérance*, Les Liens qui libèrent, 2019.
2. Le philosophe s'était engagé dans les années 1960 aux côtés de Che Guevara.

extraordinaire, aujourd'hui, c'est que même le parti trotskyste ne parle plus de révolution. Même les Insoumis n'en parlent plus. Personne ! Ah si ! Macron, lui parle de révolution, c'est le titre de son livre [1]... Alors on a réfléchi sur cette chose qui a été tellement mystique, religieuse. Le terme de prolétariat, cela avait un sens messianique...

Propos recueillis par
Laurent Greilsamer & François Vey

---

1. *Révolution*, publié chez XO Éditions en 2016 durant la campagne présidentielle.

Du même auteur

LA MÉTHODE

La Nature de la nature (t. I), Seuil, 1977 ; Points, 1981.
La Vie de la vie (t. II), Seuil, 1980 ; Points, 1985.
La Connaissance de la connaissance (t. III), Seuil, 1986 ; Points, 1992.
Les Idées (t. IV), Seuil, 1991 ; Points, 1995.
L'Humanité de l'humanité (t. V), Seuil, 2001 ; Points, 2003.
Éthique (t. VI), Seuil, 2004 ; Points, 2006.
La Méthode de la méthode, Actes Sud, 2024.

COMPLEXUS

Science avec conscience, Fayard, 1982 ; Points, 1990.
Sociologie, Fayard, 1984 ; édition revue et augmentée, Points, 1994.
Introduction à la pensée complexe, ESF, 1990 ; Points, 2005.
Amour, poésie, sagesse, Seuil, 1997 ; Points, 1999.
Connaissance, ignorance, mystère, Fayard, 2017, Pluriel, 2018.

ANTHROPO-SOCIOLOGIE

L'Homme et la Mort, Seuil, 1951 ; Points, 1976.
Le Cinéma ou l'Homme imaginaire, Minuit, 1956 ;
Arguments, 1978.
Le Paradigme perdu : la nature humaine, Seuil, 1973 ;
Points, 1979.

NOTRE TEMPS

Les Stars, Seuil, 1957 ; Points, 1972.
L'Esprit du temps, Grasset, 1962 ; le Livre de Poche,
1983.
Commune en France : la métamorphose de Plodémet,
Fayard, 1967 ; le Livre de Poche, 1984.
Mai 68, la brèche (en collaboration avec Cornelius
Castoriadis et Claude Lefort), Fayard, 1968 ; nou-
velle édition suivie de *Vingt ans après*, Éditions
Complexe, 1988.
La Rumeur d'Orléans, Seuil, 1969 ; édition complétée
avec *La Rumeur d'Amiens*, Seuil, 1973 ; Points,
1982.
Pour sortir du XXe siècle, Nathan, 1981 ; Points, 1984.
De la nature de l'URSS, Fayard, 1983.
Penser l'Europe, Gallimard, 1987 ; nouvelle édition
complétée, Folio, 1990.
Terre-Patrie (en collaboration avec Anne-Brigitte
Kern), Seuil, 1993 ; Points, 1996.

Changeons de voie (en collaboration avec Sabah Abouessalam), Denoël, 2020.

Réveillons-nous !, Denoël, 2022 ; Folio, 2023.

POLITIQUE

Politique de civilisation, Arlea, 1997.

La Voie, Fayard, 2011.

Le Chemin de l'espérance (avec Stéphane Essel), Fayard, 2011.

ENSEIGNEMENT

La tête bien faite, Seuil, 1999.

Le Défi du XXIe siècle : relier les connaissances, Seuil, 1999.

Les Sept Savoirs nécessaires à l'éducation du futur, Unesco-Seuil, 2000.

Enseigner à vivre, Actes Sud, 2014.

VIE ET DESTIN

Autocritique, Julliard, 1959 ; Seuil, 1991, nouvelle édition 1994.

Le Vif du sujet, Seuil, 1969 ; Points, 1982.

Journal de Californie, Seuil, 1970 ; Points, 1983.

Vidal et les siens (en collaboration avec Véronique Grappe-Nahoum et Haïm Vidal Sephiha), Seuil, 1989 ; Points, 1996.

Mes démons, Stock, 1994 ; Points, 1998.
Mon chemin, Fayard, 2008 ; Points, 2011.
Les souvenirs viennent à ma rencontre, Fayard, 2019 ;
    Pluriel, 2021.
Leçon d'un siècle de vie, Denoël, 2021.
Encore un moment..., Denoël, 2023.

(Bibliographie indicative et non exhaustive)

Dans la même collection :

Conversation avec Françoise Chandernagor, juin 2024.
Conversation avec Michel Serres, juin 2024.

Chemins intimes, collectif, juin 2024.

La fermière tuée par sa vache et autres faits divers, Christophe Boltanski, mai 2024.

Cet ouvrage a été mis en pages par

<pixellence>

Achevé d'imprimer en mai 2024
par Normandie Roto Impression s.a.s.
61250 Lonrai
N°d'impression : 2402387
N° d'édition : 636511-0
Dépôt légal : juin 2024

Imprimé en France